Henri Delaborde

# David d'Angers

*Ses œuvres et ses doctrines*

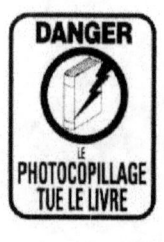
ISBN : 978-1722468743

10  9  8  7  6  5  4  3  2  1

Henri Delaborde

# David d'Angers

*Ses œuvres et ses doctrines*

# Table de Matières

# Introduction

Parmi les artistes français appartenant au XIXe siècle, il n'en est guère qui aient autant que David d'Angers attiré et retenu l'attention publique sur leurs ouvrages et sur leurs noms. Tant que David a vécu, il a vu le succès lui venir de toutes parts et lui rester fidèle, la critique enregistrer une à une et célébrer, à mesure qu'elles paraissaient, toutes les productions de son talent, la foule elle-même s'associer sans hésitation aux progrès d'une renommée qu'achevait de consacrer, il y a près de quarante ans, l'ouverture à Angers d'un musée dédié tout entier à la gloire du maître et à l'histoire de ses travaux. Et pourtant celui qui a été jusqu'au bout l'objet de cette faveur unanime pratiquait un art auquel il est bien rare que la popularité s'attache dans notre pays. La sculpture, aux yeux du public français, n'a pas, à beaucoup près, les mêmes privilèges que la peinture, et l'on se croit assez généralement quitte envers les hommes qui s'y dévouent quand on a en passant jeté un regard distrait sur les statues ou les bas-reliefs dont ils ont peuplé nos promenades ou décoré nos monuments. Tel d'entre nous qui pourrait facilement nommer l'auteur du moindre tableau de genre ou de paysage exposé aux Salons serait fort embarrassé peut-être s'il lui fallait dire qui a sculpté les figures du *Tombeau de Napoléon* aux Invalides, les statues du jardin des Tuileries, ou les frontons du nouveau Louvre. Il y a là une parfaite injustice sans doute, mais cette injustice n'en existe pas moins.

Par quelle singulière exception David seul, ou à peu près seul parmi les sculpteurs contemporains, a-t-il réussi à se mettre et à rester en crédit auprès de tout le monde ? D'où vient que, depuis sa mort, la célébrité qu'il avait acquise n'a rien perdu de son prestige, qu'elle semble même s'être accrue en proportion du nombre des biographies, des recueils de pièces lithographiées ou photographiées, des écrits ou des reproductions de toute sorte qui se sont succédé, depuis les notices nécrologiques sorties de la plume d'Halévy, de Théophile Gautier et de tant d'autres, jusqu'aux volumes de planches publiés par M. Eugène Marc et par le fils du sculpteur, — jusqu'au travail, bien complet cette fois et probablement définitif, que M. Henry Jouin vient de faire paraître sur ce maître si universellement admiré ?

Était-ce donc que le talent de David s'imposât à tous avec cette influence irrésistible que comportent les grandes découvertes ou les inspirations souveraines du génie ? Certes ce talent, considérable à plus d'un égard, est de haute race et de forte trempe. Quelques-uns des principes dont il procède, les mérites qui le caractérisent, suffiraient de reste pour lui assurer les suffrages des bons juges ; mais le tout ne saurait suffire pour expliquer comment il a pu réussir si bien auprès du public en masse et l'intéresser si extraordinairement à sa cause. C'est ailleurs qu'il faut chercher la raison principale de ce phénomène. On la trouvera dans la nature même des sujets traités le plus habituellement par David, dans les souvenirs familiers à tous et tout modernes qu'éveillent ou qu'entretiennent les thèmes choisis et les personnages représentés. Si David n'avait fait dans le cours de sa vie que se conformer aux traditions mythologiques ou religieuses ordinairement suivies, s'il n'avait produit que des bas-reliefs comme celui qui entoure un des œils-de-bœuf de la cour du Louvre, des statues comme le *génie funèbre* du *Tombeau de la duchesse de Brissac*, comme sa *Sainte Cécile* ou même comme son *Philopœmen*, il est à présumer que ces œuvres, quel qu'en eût pu être le nombre ou le mérite, n'auraient pas procuré à son nom plus de popularité que n'en ont obtenu dans ce siècle les noms d'autres habiles sculpteurs ; mais, au lieu de s'en tenir suivant l'usage aux personnifications idéales, David a le plus souvent pris ses modèles dans une sphère moins éloignée de nous et de nos habitudes d'esprit. Non-seulement les hommes qui dans le passé honorent le plus notre histoire ou l'histoire des pays étrangers ont tour à tour inspiré sa pensée et occupé sa main : les contemporains eux-mêmes lui ont fourni des types qu'il a popularisés de préférence aux images accoutumées des héros de la fable ou de l'antiquité. Il n'est guère d'artistes, d'écrivains, d'hommes politiques plus ou moins renommés de nos jours, ou même d'hommes connus à quelque titre que ce soit, dont David n'ait fait, suivant l'importance relative de chacun d'eux, la statue, le buste ou le médaillon. De là, outre la sérieuse valeur inhérente à la plupart de ces ouvrages, le profit qu'en a tiré l'auteur au point de vue de sa réputation. Ceux qui avaient posé devant lui l'associaient en quelque sorte à leur gloire par le fait même de la publicité qu'elle assurait à ses travaux ; de son côté, à force de voir la même main reproduire les traits de tout personnage célèbre, le public ne pouvait manquer de conclure que cette main était plus qu'aucune autre digne d'une pareille tâche, puisqu'elle en demeurait invariablement chargée.

Enfin, il n'est pas jusqu'à la religion politique professée par David, d'ailleurs avec un rigorisme convaincu, il n'est pas jusqu'aux fonctions fort étrangères à l'art dont il fut revêtu à un certain moment, qui n'aient été pour quelque chose dans la situation exceptionnelle que l'opinion lui avait faite et dans l'attention soutenue que l'on accordait à ses travaux. De telles particularités, il est vrai, ne doivent guère ici être mentionnées que pour mémoire, car les souvenirs qui s'y rattachent, si étroitement mêlés qu'ils soient à la vie de l'artiste, n'intéressent son talent que d'assez loin. Pour comprendre et pour juger les œuvres de David, il n'est pas bien nécessaire de se rappeler que celui-ci a été journaliste politique à ses heures, maire d'un des arrondissements de Paris après la révolution de 1848, enfin représentant du peuple à l'assemblée nationale. L'essentiel comme le plus sûr sera de consulter ces œuvres en face, sans en compliquer l'examen par des rapprochements indirects, sans se proposer d'autre fin que l'appréciation de leur valeur intrinsèque et des doctrines qui les ont inspirées. C'est cette tâche que nous voudrions essayer de remplir, non certes avec la prétention de refaire le livre si consciencieux de M. Henry Jouin, mais simplement avec la pensée d'en dégager les enseignements, d'en tirer la moralité, pour ainsi dire, sauf à tempérer par quelques réserves l'admiration un peu trop immuable qu'il exprime et les éloges presque sans restriction qu'il contient.

## Section I

Et d'abord quelle est la signification particulière des œuvres laissées par David ? Quels progrès celui qui les a faites a-t-il déterminés, ou, si l'on ne veut tenir compte que de son talent personnel, quelle place ce talent lui assigne-t-il dans l'histoire de notre école ? La première, suivant M. Henry Jouin : la première au moins dans notre école moderne, puisque des comparaisons successivement établies par l'écrivain il résulterait que les travaux du sculpteur d'Angers n'ont pas même leur équivalent dans les meilleurs ouvrages de Rude, de Pradier, de Duret, à plus forte raison dans ceux de Lemot et de Simart. Bien plus, pour caractériser le genre de supériorité qui appartient au maître dont il s'est fait à la fois le biographe et le panégyriste, M. Jouin n'hésite pas à nous déclarer dès le début que la vie de David d'Angers se résume en un seul mot : « la création d'un art national. »

Franchement, c'est beaucoup trop dire. Un art national, — qui ne le sait ? — existait chez nous bien avant que David vînt au monde, et, depuis nos admirables sculpteurs anonymes du XIIIe siècle jusqu'aux contemporains de Houdon, la liste serait longue, — plus longue même que dans aucun autre pays, — des artistes qui, en taillant la pierre ou le marbre, ont en même temps prouvé avec éclat l'originalité de leur génie et traduit les inclinations, défini nettement les aptitudes du génie national ; mais n'insistons pas là-dessus, de peur, en nous attachant trop à la lettre, de paraître prendre pour une erreur de principe et de reprocher comme telle ce qui n'autoriserait en réalité qu'une querelle de mots. Il n'est pas possible qu'un homme aussi érudit que l'auteur du livre sur David ait entendu sacrifier à la gloire de celui-ci tout le passé de la sculpture française, et qu'il se soit laissé aller à oublier ou à méconnaître des titres et des chefs-d'œuvre que les moins savants seraient en mesure de lui rappeler. Le plus probable est qu'il a voulu simplement louer David de ses efforts persévérons pour populariser par la sculpture les souvenirs de notre histoire, pour la personnifier dans les images de ceux qui en sont le principal honneur ; mais, même réduit à ces termes, l'éloge aurait encore une certaine exagération. Le sculpteur de *Condé* et de *Corneille*, du *Général Foy* et de *Cuvier* n'est ni le premier ni le seul en France qui se soit avisé de rendre hommage à des ancêtres ou à des contemporains illustres. Pour ne citer que ces exemples entre bien d'autres, les statues sculptées au XVIIIe siècle de *Duguesclin* et de *Sully*, de *Descartes*, de *Bossuet*, de *Voltaire*, montrent assez qu'avant lui plus d'un sculpteur avait eu déjà la pensée de recommander à la vénération ou à la gratitude publique la mémoire de nos grands hommes ou de nos grands écrivains.

David a donc seulement mis cette pensée en pratique avec plus de continuité qu'aucun de ses prédécesseurs et par des moyens plus variés que ceux dont ils s'étaient servis. Il ne s'est pas contenté de montrer l'habileté d'un statuaire dans un ordre de travaux qui avait paru jusqu'alors exiger impérieusement la solennité du style et la grandeur des proportions ; il a bien souvent reproduit ses modèles par des procédés et dans des dimensions qui permettaient à ses ouvrages d'être placés en tous lieux ou de circuler de main en main. C'est cette appropriation de la sculpture à certaines exigences de notre temps, c'est ce caractère de familiarité qui distingue des entreprises antérieures celle que David a tentée avec un incontestable succès ; mais il ne s'ensuit pas qu'on doive nécessairement saluer en lui le créateur d'un « art national. » Si la riche série de ses œuvres intéresse à bon droit notre fierté patriotique, elle n'engage pas pour cela notre reconnaissance envers l'artiste au point de nous faire porter entièrement à son compte ce qui dépend, au moins en partie, des souvenirs historiques qu'il éveille ou des modèles qu'il a choisis.

Il faut bien le dire d'ailleurs, la galerie où David a rassemblé pour les proposer à nos respects tant de personnages appartenant aux diverses époques de notre histoire, ce panthéon français qui n'aurait dû s'ouvrir qu'à des hôtes dignes d'y figurer, ne semble pas toujours à l'abri des encombrements de rencontre, et ne laisse point par moments d'être assez capricieusement peuplé. Les médaillons surtout modelés par David permettraient, quant à la valeur même des personnages qu'ils représentent ou à la nature des souvenirs qu'ils consacrent, de relever plus d'une anomalie et de désapprouver plus d'un choix. Ses œuvres en ce genre révèlent le mieux peut-être la force et l'originalité de son talent ; mais ne sont-ce pas aussi celles où les inspirations de l'artiste se ressentent le plus de ses préoccupations politiques et se montrent le moins étrangères aux influences de l'esprit de parti ?

David a eu toute sa vie la volonté de rester fidèle à la tradition révolutionnaire et à la mémoire des hommes qui l'avaient fondée. Il y avait là d'ailleurs pour lui autre chose qu'un pur entraînement de l'imagination ; il y avait le souvenir d'impressions reçues presque dès le berceau, de dures épreuves personnelles dont il se croyait le devoir ou le pouvoir de préserver les générations à venir. L'époque et le milieu où David était né, la misère qu'avait connue son enfance, la guerre de Vendée qu'il avait vue de près en suivant jusque sur les champs de bataille son père, soldat de la république,

— tout contribue à expliquer le zèle d'opposition politique dont il fut animé à l'âge d'homme et les rêves d'égalité sociale qu'il caressa jusqu'à la fin : rêves d'un cœur généreux après tout, sinon d'un esprit très pratique, et qu'un autre éminent sculpteur, François Rude, devait de son côté poursuivre avec la même obstination ingénue, on dirait presque avec la même bonhomie. David toutefois, si ennemi qu'il fût de l'ancien régime et même assez souvent des institutions et des gouvernements de son temps, si prompt qu'il se montrât au contraire à soutenir la cause de la révolution ou à populariser par ses ouvrages les noms de ceux qui l'avaient servie, David n'était pas homme à méconnaître la grandeur de certains exemples, de certains souvenirs bien différents. Veut-on une preuve de son empressement en pareil cas à accomplir ce qu'il pensait être un devoir de justice ou de gratitude ? Qu'on se rappelle l'offre qu'il fit et le projet qu'il exécuta, lui le républicain intraitable, d'élever un monument à la mémoire du royaliste Bonchamps aux lieux mêmes où le général vendéen avait combattu et succombé. « Mon père, écrivait-il après qu'il eut achevé ce travail, mon père était un des cinq mille prisonniers de Saint-Florent dont Bonchamps a demandé la grâce avant de mourir. En exécutant ce monument, j'ai voulu acquitter, autant que cela m'était possible, la dette de reconnaissance de mon père. » Mais c'est assez parler de ce qui, dans les travaux de David, ne relève pas directement de sa doctrine esthétique et de son talent. Il est temps d'interroger l'un et l'autre et d'en tirer, s'il se peut, des renseignements exacts sur la portée de l'entreprise que l'artiste a poursuivie et sur la valeur même des œuvres qu'il a produites.

Nous avons dit que, par les caractères de l'ordonnance et du style comme par le choix des sujets, le plus grand nombre des ouvrages de David exprime avant tout la volonté d'approprier la sculpture aux exigences de l'esprit moderne, de la vivifier, de la renouveler dans un sens conforme à nos inclinations actuelles et à nos mœurs. Lui-même avouait résolument et en toute occasion cette intention de débarrasser l'art des vieilles « conventions d'école ; » mais ce serait se méprendre beaucoup que d'attribuer à ses tentatives d'affranchissement la signification d'une révolte contre des lois plus générales et plus hautes, d'une guerre déclarée à l'idéal.

L'idéal au contraire est la préoccupation dominante de David, l'objet de ses recherches et de ses efforts continuels. Rien de moins matérialiste que l'art tel qu'il le comprend, rien de plus étroitement lié à la fonction de la pensée que le travail qu'il demande à la main d'accomplir. Là même où la condition essentielle de la tâche est la ressemblance physique, là où il s'agit d'un simple portrait, il ne veut pas que les regards de l'artiste s'arrêtent à la surface des choses ; il veut que ces regards s'emparent même de l'invisible, que l'imitateur évoque l'âme de son modèle, qu'il en pénètre les secrets et qu'il arrive ainsi, par la puissance de sa sagacité et par les explications qu'elle lui suggère, à nous faire connaître l'homme tout entier. De là le juste dédain que David professe pour les contrefaçons mécaniques de la réalité et les prédilections que lui inspire toute œuvre empreinte de vérité individuelle. « Quand on moule sur nature, dit-il quelque part, on obtient le calque de la réalité. Quand l'artiste moule avec son cerveau, c'est à l'expression de la vérité qu'il fait appel. »

Ces simples paroles définissent toute la poétique du maître et les qualités principales de son talent. Dans ses œuvres comme dans les enseignements qu'il donnait à ses élèves, David ne faisait que proclamer la prééminence du vrai sur le réel, de l'image sur l'effigie. Aussi, toutes les fois que la tâche lui est confiée d'élever au milieu d'une place publique ou dans l'intérieur d'un monument la statue de quelque homme célèbre apporte-t-il autant de zèle à rendre celui-ci reconnaissable par des traits empruntés à sa vie morale qu'à reproduire avec vraisemblance les apparences de sa vie physique, les formes de son visage ou de son corps.

Veut-il par exemple personnifier dans Cuvier le génie de la paléontologie et les grandes découvertes auxquelles il a initié notre siècle ? Il représentera l'illustre savant les doigts plongés dans les entrailles de la terre, comme pour y arracher avec les ossements qui y sont ensevelis le secret des générations primitives. A-t-il à rappeler la nature des travaux accomplis et des vérités scientifiques divulguées par « Bichat ? Il nous montrera l'auteur des *Recherches sur la vie et sur la mort* scrutant d'une main déjà armée de la plume la vie dont il va décrire les lois et qui palpite sous les grâces d'un corps adolescent, tandis qu'un cadavre étendu à ses pieds lui livre les phénomènes de la destruction et lui en explique les mystères. Doit-il enfin caractériser l'influence exercée sur le monde par l'invention de Gutenberg, célébrer l'héroïsme de Condé ou la mansuétude évangélique de Fénelon, les austères vertus de Drouot ou la poétique imagination de Bernardin de Saint-Pierre, — David trouvera, pour consacrer chacun de ces souvenirs, des modes d'expression différents, des formules ingénieuses sans affectation, et surtout sans arrière-pensée d'un ordre trop littéraire. C'est en subordonnant aux moyens particuliers de son art les intentions qu'il lui faut traduire, c'est en envisageant son sujet au point de vue de la sculpture et avec le sentiment d'un sculpteur, que David conçoit chaque composition et qu'il en combine les éléments. Reste à savoir si dans l'exécution même il réussit à se préserver aussi bien des écarts, et si, tout en se gardant d'usurper sur le domaine des écrivains ou des poètes, il s'abstient toujours avec la même prudence d'envahir celui des peintres.

On trouverait une réponse à cette question, et une réponse négative, dans beaucoup d'ouvrages de David, dans plusieurs de ceux-là mêmes que nous mentionnions il y a un instant. Le costume universitaire que porte *Cuvier* ou l'uniforme militaire de *Drouot*, le manteau plus chiffonné que de raison dans lequel *Corneille* s'enveloppe, aussi bien que la redingote bourgeoise qui étreint le corps de *Casimir Delavigne*, ou celle dont les plis retombent le long du corps de *Mathieu de Dombasles*, d'autres ajustements encore choisis par David pour draper ou pour habiller ses statues, sont traités avec un laisser-aller qui rappelle les procédés rapides d'une esquisse peinte et les louches heurtées du pinceau. Les lignes générales de ces figures monumentales ou des bas-reliefs qui en ornent les piédestaux sont le plus souvent savamment ordonnées, franchement sculpturales ; mais de l'impression produite par l'ensemble passe-t-on à l'examen des détails, l'œil ne sait plus où se prendre ni à quels signes reconnaître ce que l'artiste a senti à propos des diverses formes partielles. Quelque chose d'équivoque dans l'interprétation à la fois molle et violente de ces formes à peine dégrossies, un mélange singulier de hardiesse et d'incertitude dans les contours qui devraient les dessiner ou dans les saillies relatives qui les modèlent, l'ostentation de l'ampleur en un mot se substituant à la fierté du style et les rudesses ou les négligences de la pratique à l'expression châtiée de la verve, — voilà ce qu'on peut en mainte occasion reprocher à la méthode d'exécution adoptée par David et aux œuvres qui en sont issues. Ajoutons que ces incorrections regrettables s'aggravent trop souvent d'erreurs plus fâcheuses encore, puisque celles-ci, au lieu de compromettre seulement la précision du faire, ont pour effet de fausser la structure même des corps figurés et d'en dénaturer les proportions.

Il nous suffira de citer comme exemples d'aussi étranges méprises la statue de Larrey, placée dans la cour de l'hôpital du Val-de-Grâce, et le groupe qui surmonte le tombeau du général Gobert au cimetière du Père-Lachaise. Comment se fait-il que ces exagérations presque difformes qui, lorsqu'on regarde les deux ouvrages ou tel autre du même genre, sautent aux yeux des moins clairvoyants, comment se fait-il que ces interprétations à outrance d'une stature ou d'une physionomie individuelle aient été commises par un homme si bien informé au fond des lois de son art et si capable, — il l'a prouvé ailleurs, — de les pratiquer ? Si l'on suit la marche du talent de David depuis ses premiers pas jusqu'à l'époque où, à force de vouloir agir, il ne prend même plus le temps de se consulter, où à force de se hâter il s'essouffle, on s'explique ces entraînements progressifs ou, tout au moins, on les voit se déduire les uns des autres avec une sorte de logique fatale.

## Section II

Tant que David travaille en Italie comme pensionnaire de l'Académie de France, ou tant qu'il reste, après son retour à Paris, sous l'empire des souvenirs et des enseignements rapportés de Rome, il cherche et il réussit à associer en face de la nature son goût très vif déjà pour les vérités caractéristiques au respect des traditions qui l'obligent, au culte de ce beau dont l'antiquité lui a révélé les secrets. Gomme Ingres, qui avait été son camarade à la villa Médicis, et dont il semble pendant toute sa jeunesse continuer, volontairement ou non, de subir l'influence, il n'hésite pas à interroger et à rendre avec une courageuse bonne foi les réalités qu'il a devant les yeux, mais à la condition de régler la vivacité de ses impressions ou d'en confirmer la justesse par l'étude des monuments grecs. C'est alors qu'après avoir envoyé de Rome ses *Néréides* et son *Jeune Berger*, qui semblent engager l'avenir de son talent et en fixer les promesses, il produit à Paris des œuvres d'une inspiration originale et en même temps d'une exécution sévèrement châtiée, les statues de *Condé*, de *Bonchamps*, du *Général Foy*, enfin ces deux élégantes figures sculptées en bas-relief autour d'un des œils-de-bœuf de la cour de Louvre, — l'*Innocence* et la *Force* ; mais déjà dans les œuvres qui suivent un commencement d'infidélité se fait sentir aux sages principes et à l'esprit de mesure qui avaient guidé l'artiste jusqu'alors. La crainte de paraître s'attarder, à la suite des *classiques*, comme on disait alors, dans une résistance bruyamment qualifiée d'obstination aveugle par les assaillants, le besoin de se montrer, coûte que coûte, homme de progrès et d'être novateur à son tour, — voilà ce qui ressort des travaux appartenant à l'époque qu'on pourrait appeler celle de la seconde manière de David : manière intermédiaire encore, qui, si l'on veut, ne dément pas formellement les inclinations et les coutumes premières, mais où plus d'un signe permet de deviner ce qui en sera ouvertement renié plus tard.

Qu'on se rappelle un des ouvrages d'ailleurs les plus justement célèbres du maître, le *Philopœmen*, qui, après avoir pendant longtemps orné le jardin des Tuileries, se voit aujourd'hui au musée du Louvre. Si, au lieu d'achever cette statue en 1837, David l'avait exécutée quelques années auparavant, se serait-il aussi résolument efforcé de lui imprimer un caractère *naturaliste* ? Sans doute ce *naturalisme* même a quelque chose d'héroïque ; sans doute, ici comme dans les statues de Puget, l'animation du travail, la fermeté magistrale du ciseau commandent l'admiration et prouvent chez l'artiste capable de vivifier ainsi le marbre une science et une habileté extraordinaires ; mais cette habileté, quelque louable qu'elle soit, n'en a pas moins ses dangers, même pour celui qui la possède. Elle peut facilement le pousser, et c'est ce qui est bientôt arrivé pour David, aux exagérations et aux abus. A plus forte raison est-elle pour autrui d'un exemple périlleux. Si, à ne tenir compte que de sa valeur propre, le *Philopœmen* mérite la place qu'il occupe dans notre musée à côté des monuments les plus remarquables de la sculpture française, il ne suit pas de là, tant sans faut, que les artistes doivent le prendre pour modèle, ni même que le talent qui l'a produit n'ait pas, dans d'autres occasions, mieux donné sa mesure et plus noblement compris ses devoirs.

L'œuvre dont nous venons de parler nous semble clore à peu près la période qui, dans la carrière de David, précéda celle des méprises violentes, des véritables emportements du sentiment ou de la manière. Quelques réserves qu'autorise le *Philopœmen*, il y a loin encore des intentions qu'il exprime aux prétentions ou aux audaces qui se formuleront dans plusieurs des ouvrages suivants ; il y a loin de cette expression trop littérale sans doute, mais après tout très savante de la réalité, à des paradoxes plastiques tels que la statue de *Larrey* ou le groupe et les bas-reliefs sculptés pour le *Tombeau du général Gobert*. Et ce n'est pas seulement dans des travaux de cet ordre, dans les œuvres de sculpture monumentale exécutées pendant les quinze ou' vingt dernières années de sa vie que David se montre si tourmenté du besoin d'étonner le regard, de le défier, à vrai dire, par les témérités de son imagination ou de son ciseau. Les bustes qu'il modèle à cette époque, plusieurs des médaillons même qu'il ajoute à une série jusque-là si bien remplie, au moins au point de vue l'art, tout se ressent de ces préoccupations systématiques ; tout accuse, en même temps que la manie de l'ébauche, je ne sais quel parti-pris d'exagérer certaines formes au détriment manifeste de la vraisemblance et des proportions. Ainsi, s'agit-il du portrait d'un savant, d'un artiste illustre ou simplement d'un homme voué aux travaux de l'esprit, pour faire pressentir les facultés prédominantes et la puissance intellectuelle de son modèle, David accentuera si énergiquement les protubérances du front, il augmentera d'une main si libérale le volume du crâne qu'à force d'étaler les signes extérieurs de son génie le personnage représenté en arrivera presque à prendre les apparences d'un hydrocéphale. Déjà, dans quelques-uns de ses ouvrages antérieurs, dans les bustes d'ailleurs si vigoureusement traités de *Goethe* et de *Chateaubriand*, de *Humboldt* et de *Victor Hugo*, David n'avait pas craint d'enchérir en ce sens sur les données de la nature et sur les découvertes de la phrénologie ; mais un moment vint où, ne se contentant plus de ces demi-mesures, il n'hésita pas à pousser les libertés de l'interprétation jusqu'à la licence et l'application d'un principe scientifique vrai en soi jusqu'à la fantaisie mensongère.

Et pourtant, malgré les affectations ou les négligences de sa dernière manière, malgré la fièvre de production qui l'agite de plus en plus, David garde encore quelque chose des allures et de l'autorité d'un maître. Même dans ses plus mauvais jours, même lorsqu'à force de s'attacher aux vérités d'exception ou d'accident il paraît presque perdre le sentiment et la notion des vérités générales, il ne donne pas aux erreurs qu'il commet le plat caractère de la banalité. Il peut, bien souvent, se montrer incorrect ou bizarre : il ne lui arrive jamais d'être vulgaire.

Les défauts de David contribuent donc presque autant que ses qualités à définir sa physionomie et à marquer la place toute particulière qui lui appartient dans l'histoire de notre école. Peut-être l'auteur du nouveau livre sur la vie et les travaux du maître n'a-t-il pas suffisamment osé s'avouer cette vérité, de peur d'avoir ensuite à nous la confesser à nous-mêmes et de compromettre ainsi les intérêts de la gloire qu'il avait à cœur de servir. Toujours est-il que là même où la condamnation, la mention tout au moins des fautes semblerait le plus naturelle, il n'y a place sous la plume de M. Jouin que pour l'approbation et l'éloge. En vient-il par exemple à nous parler du *Fronton du Panthéon*, une des œuvres les plus importantes, mais aussi une des plus évidemment inégales qu'ait signées David, une des plus turbulentes et des plus agressives par les caractères de l'exécution et du style, il se contente d'en décrire la composition, de nommer les personnages qui y figurent et de vanter le tout en bloc. Les graves et nombreuses objections qu'autoriserait, que provoque même ce travail défectueux dans beaucoup de ses parties, il les passe résolument sous silence ; ou, s'il se décide à en mentionner une, et encore pour la réfuter, c'est seulement celle qui concerne le choix des grands hommes signalés par le sculpteur à notre vénération.

On sait que, par un calcul d'une justesse au moins contestable, David a cru devoir écarter tous ceux qui, nés avant le XVIIIe siècle, n'avaient pu naturellement participer ni à l'*Encyclopédie*, ni aux guerres de la république, ni aux travaux des assemblées législatives de cette époque ou de l'époque de la restauration. Un seul, Fénelon, a trouvé grâce à ses yeux, et l'on ne sait vraiment trop pourquoi, à moins qu'en l'associant à Voltaire et à Rousseau, à Lafayette et à Manuel, David n'ait entendu consacrer ce préjugé populaire en vertu duquel il faudrait voir dans l'auteur de *Télémaque* un précurseur de la réforme philosophique et un républicain anticipé. Or M. Jouin ne laisse pas au fond de reconnaître ce que ces préférences et ces exclusions ont d'excessif ; mais il y trouve une excuse, ou en tout cas une explication dont il se contente, dans l'état politique des esprits au moment où le travail fut confié à David, et dans les souvenirs qu'on gardait de l'époque où la transformation de l'église de Sainte-Geneviève en un Panthéon profane avait été une première fois décidée. Soit : les origines du monument rendu peu après 1830 à son ancienne destination pouvaient jusqu'à un certain point être rappelées par le sculpteur, mais sous la forme d'une allusion seulement, et non dans des termes si précis, dans des limites chronologiques si étroites qu'il semblerait que l'histoire de notre pays n'est pas plus vieille que la muraille où elle est écrite, que l'ère de nos gloires ne s'est ouverte qu'avec le dernier siècle, et que la reconnaissance due aux grands hommes de la France moderne nous dispense de la gratitude envers tous ceux qui les ont précédés. Au point de vue de la vérité historique comme au point de vue de la vérité morale, le *Fronton du Panthéon* fausse le sens et contredit la lettre de la noble inscription qu'il surmonte. Rachète-t-il au moins cette contradiction par les beautés de l'exécution proprement dite et, si on ne le considère que comme œuvre d'art, y a-t-il lieu de l'admirer sans réserve ainsi que M. Henry Jouin semble nous le conseiller ?

Certes, lorsqu'on aperçoit de loin et qu'on embrasse d'un premier coup d'œil l'ensemble du *Fronton*, on ne peut qu'être frappé de l'aspect ouvertement décoratif qu'il présente, du jeu et de la plénitude des lignes, de l'art avec lequel les surfaces saillantes et les parties privées de lumière ou, — pour parler la langue du métier, — les *rondes-bosses* et les *trous* sont combinés en vue de l'harmonie de l'effet général. C'est la un mérite assez sérieux en soi et, de plus, assez rare pour qu'il faille en tenir grand compte et reconnaître à celui qui en a fait preuve des ressources d'imagination et nue habileté supérieures. Il n'y aura que justice encore à louer hautement cette belle figure de la *France* placée au centre de la composition, et dont les deux bras étendus distribuent des couronnes aux groupes qui se pressent à ses côtés. Ici nulle emphase, nulle exagération de mouvement. La majesté de l'attitude est aussi éloignée de la froideur que l'énergie du geste lui-même ressemble peu à de la violence. Quant à l'exécution de toute la figure, elle a une fermeté et une ampleur dont on trouverait difficilement des témoignages équivalents même dans les meilleurs ouvrages de David. Si les autres parties de la composition avaient été traitées avec cette sobriété dans le style et ce sentiment robuste de la beauté, le *Fronton du Panthéon* ne mériterait pas seulement d'être regardé comme le chef-d'œuvre de l'artiste, il devrait aussi occuper le premier rang parmi les travaux de sculpture monumentale exécutés en France depuis le commencement du siècle.

Malheureusement, quel désaccord entre l'imposante simplicité des formes données à la personnification de la Patrie, et les apparences tumultueuses ou bizarres, les ajustements invraisemblables ou les invraisemblances, plus répréhensibles encore, de construction que présentent les figures voisines ! Ici, c'est le général Bonaparte que l'agitation convulsive de ses membres et l'exiguïté presque ridicule de sa taille transforment en une sorte de nain frénétique. Là, pour ne citer que ces détails, c'est le mortier démesuré dont est coiffé Lamoignon de Malesberbes ou l'interminable schako s'élevant au-dessus de la tête d'un hussard anonyme, que le regard s'étonne de rencontrer aux plus belles places et de voir prédominer sur des objets plus propres à l'intéresser. Ailleurs, en face du petit tambour d'Arcole ou du colossal cuirassier qui expire à côté de lui, comment passer condamnation sur des vices de conformation et des disproportions telles que les corps de ces figures semblent appartenir tantôt à une race de pygmées, tantôt à une race de géants, tandis que, par l'énorme volume des têtes, les figures de Mirabeau, de Monge, de Fénelon et de plusieurs autres, font songer à ce personnage fantastique dit *Gryllus* dont les images se voient parfois sur les vases peints de L'antiquité. Que d'autres licences, que d'autres incorrections surprenantes ne pourrait-on pas relever encore ! Non, quoi qu'on en ait dit au moment où le vaste travail de David fut découvert ou depuis lors, le *Fronton du Panthéon* ne saurait nullement désarmer la critique. Il en appelle au contraire les sévérités au moins autant que les hommages. C'est l'œuvre d'un grand talent sans doute, mais d'un talent qui abuse de soi, que la confiance dans ses propres forces égare, et qui, d'illusion en illusion, en est venu, à confondre le dérèglement avec la verve.

Tel a été en général le tort de David dans la seconde moitié de sa carrière. Avec plus de persévérance dans la voie où il était entré au début, avec une application plus soutenue à suivre les grands exemples et à se surveiller lui-même, David, doué comme il l'était, aurait mérité peut-être d'occuper dans notre école de sculpture une place analogue à celle que Ingres avait conquise à la tête des peintres contemporains. Par une méconnaissance singulière de ses vraies aptitudes et une déviation progressive, il semble vers la fin n'avoir ambitionné que de devenir, — et encore n'est-il pas devenu, — le Delacroix de son art. Comme Ingres, il avait reçu le don d'une clairvoyance particulière pour trouver le beau dans la vérité ; le malheur est qu'il n'ait pas su, à l'exemple de son ancien condisciple, rester invariablement sincère devant la nature et concilier avec l'interprétation savante des formes la rigoureuse naïveté du sentiment. Bien souvent, la véracité de David n'est pas, si l'on peut ainsi parler, ingénue ; elle semble impliquer la volonté préconçue de s'afficher, de surprendre par son audace même, et, au risque d'offenser le goût, de s'emparer de notre attention à force ouverte.

Le goût, n'est-ce pas d'ailleurs à cette faculté de l'esprit que les ouvrages de David s'adressent le moins directement ? La pensée dont ils sont sortis, comme la main qui les a modelés, a plus de force que de délicatesse, plus de vivacité que de patience, plus de passion en un mot que de sagesse. Si éloquent qu'il soit ou qu'il veuille être, le talent de David manque de persuasion et de charme. Même dans ses meilleurs moments, il garde quelque chose de systématique, de rude, d'inflexible ; même lorsqu'il s'applique à des sujets dont l'esprit essentiel est la grâce, — l'*Enfant à la grappe*, le *Jeune Barra*, — il procède à peu près comme lorsqu'il s'agissait de rendre le plein développement ou la mâle fierté des formes ; et pourtant parmi les admirateurs de ce talent beaucoup n'hésitent pas à en vanter la variété et la souplesse ! Il suffirait de reconnaître et il serait plus juste de dire que David a abordé tous les genres de sujets. En lui tenant compte de la diversité de ses entreprises, on ne se croirait pas pour cela le devoir d'en louer inévitablement les résultats ; en estimant à son prix une fécondité qu'attestent, outre plusieurs grands travaux de sculpture monumentale, près de huit cents statues, bas-reliefs ou portraits, on n'y verrait pas nécessairement la preuve des heureuses transformations du sentiment et du style. On éviterait ainsi d'attribuer à David un mérite qui en réalité appartient à d'autres, à Rude par exemple, dont le ciseau sut tour à tour, et avec une excellence égale, figurer les contraires, depuis la beauté païenne dans le *Mercure* et l'*Amour dominateur* jusqu'à la vie mystique de l'âme dans la statue de Jeanne d'Arc, depuis l'insouciance joyeuse et les grâces de l'enfance dans le petit *Napolitain à la tortue* jusqu'à l'élégance raffinée de l'attitude et du costume dans le *Louis XIII* adolescent, jusqu'aux élans de l'impétuosité guerrière dans le groupe épique de l'Arc de l'Étoile.

Inférieur à Rude, au moins quant à la flexibilité du talent, David l'emporte-t-il sur les autres sculpteurs de son temps dans le genre spécial traité par chacun d'eux ? Moins habile que Pradier à rendre la beauté souple, la morbidesse des corps féminins, — tâche qu'il ne s'est proposée d'ailleurs que dans d'assez rares occasions, — David n'a pas réussi non plus à exprimer la jeunesse virile mieux, aussi bien même que Duret dans son charmant *Danseur napolitain*. Excepté peut-être la *Victoire* qui décore le tombeau du maréchal Suchet et la majestueuse figure de la *Patrie* au fronton du Panthéon, les ouvrages qu'il a faits à l'imitation de l'antique, — particulièrement les sculptures de la porte d'Aix, à Marseille, et celles de la Douane, à Rouen, — n'ont ni la stricte correction, ni l'élévation de style qui distinguent les œuvres de même espèce exécutées par Simart et plus récemment par Perraud. Le *Calvaire* que possède la cathédrale d'Angers et la *Religion* du tombeau de Bonchamps trouveraient sans peine des équivalons même parmi les plus médiocres sculptures religieuses qu'ait vues naître la première moitié de ce siècle. Enfin, dans l'ordre des sujets héroïques, quelle statue de David mériterait d'être préférée au *Thésée vainqueur du Minotaure*, de Ramey, au *Soldat de Marathon*, de Cortot, ou, pour prendre des termes de comparaison dans les écoles étrangères, au *Mercure s'apprêtant à tuer Argus*, de Thorwaldsen, et, à plus forte raison, au *Pyrrhus*, de Bartolini ?

Si l'on ne considérait qu'une à une les preuves faites par David dans le domaine de l'imagination, ou si l'on se contentait de les rapprocher des ouvrages exécutés par d'autres en pareil cas, le sculpteur de la *Jeune Grecque au tombeau de Botzaris* et de l'*Enfant à la grappe*, de *Sainte Cécile* et de *Philopœmen*, semblerait donc tout au plus l'égal des sculpteurs dont nous venons de rappeler les noms. Mais il est toute une série de travaux qui lui assure une importance très personnelle et un rôle à part, une sphère où son talent n'a aucune comparaison à redouter, ni certaines erreurs accidentelles une fois constatées, aucun reproche sérieux à encourir. Nous voulons parler de la sculpture de portrait telle que David l'a pratiquée, et de cette longue suite d'images historiques ou contemporaines qui commence vers 1820, avec la statue de *Condé* et la touchante figure en bas-relief représentant la *Comtesse de Bourck au tombeau de son mari*, pour se continuer pendant les années suivantes, avec les statues du *Maréchal Gouvion Saint-Cyr*, du *Cardinal de Cheverus*, de *Gutenberg*, et les bustes, entre bien d'autres, de *Lamennais*, de *Béranger*, de *Fenimore Cooper*, pour s'enrichir enfin jusqu'au dernier jour de ces nombreux médaillons qui, mieux encore que le reste, permettent d'apprécier les aptitudes spéciales et la manière si individuelle du maître.

Voilà les vrais titres de David, voilà ce qui fait de lui un des altistes les plus remarquables du XIXe siècle. Sans doute, nous le disions en commençant, la popularité dont il a joui s'explique en partie par la notoriété même des hommes dont il a reproduit les traits ; mais elle tient aussi, et dans une large mesure, à l'originalité de son sentiment, de ses facultés, à son intelligence des conditions que comporte et de l'intérêt que peut offrir un art rajeuni, sinon nouveau. Mieux qu'aucun de ses émules, David a su être de son temps. C'est en raison de ce caractère tout moderne, de ces tentatives en rapport direct et en proportion avec nos mœurs, que, lui vivant, son talent a été si facilement et si généralement compris ; c'est là en outre ce qui devra le recommander auprès des générations à venir et lui assurer un crédit que ne réussiront pas à obtenir peut-être d'autres talents, aussi savants, plus savants même quelquefois dans les formes, mais au fond moins étroitement liés à l'histoire de notre époque et moins opportunément inspirés.

## Section III

Des deux volumes dont se compose l'ouvrage publié par M. H. Jouin, le second est entièrement consacré aux opinions écrites, aux dissertations théoriques ou critiques, aux nombreuses notes de toute espèce que David a laissées sur l'art et les artistes des temps passés ou de son temps. D'autres écrits, que David avait à diverses époques insérés dans quelques journaux, ne figurent pas à côté de ces théories ou de ces jugements. Il n'y a pas lieu de le regretter. Même sans discuter la valeur politique des idées que David a cru devoir parfois exprimer publiquement, on pourrait, au point de vue de l'histoire, contester la justesse de ses vues ou l'exactitude de ses informations, et dès lors l'éditeur des *écrits du maître* a bien fait d'écarter ceux qui lui paraissaient de nature à provoquer quelque objection de ce genre. Peut-être même aurait-il dû, dans son travail d'élimination, pousser le scrupule encore plus loin et s'abstenir sans regret de nous communiquer certains détails biographiques d'un intérêt tout au plus secondaire. Ainsi, était-il bien nécessaire de transcrire tel billet par lequel David s'excuse de ne point assister à un dîner chez le ministre de l'instruction publique, ou de nous mettre en tiers dans les confidences qu'il adresse à ses amis tantôt sur le mauvais état de sa santé, tantôt sur les difficultés toutes matérielles qui retardent l'achèvement ou la livraison d'un de ses ouvrages ?

Quoi qu'il en soit, et ces réserves une fois faites, il faut savoir gré à M. Jouin des documents authentiques qu'il nous a fournis sur les doctrines de l'artiste, ou, pour parler plus exactement, sur les aspirations de son esprit, sur les sentiments dont il subissait l'empire et auxquels il obéissait d'autant plus docilement qu'il les prenait pour des principes. Grâce aux pièces mises sous nos yeux et au classement méthodique qu'elles ont reçu, on peut facilement pénétrer dans le secret de cette imagination à la fois inquiète et crédule, plus disposée à l'enthousiasme pour les idées neuves, ou qui lui paraissent telles, qu'à la confiance dans les vérités universellement reconnues, très naïve enfin malgré ses prétentions dogmatiques, et, tout en se piquant de scruter le fond des choses, naturellement portée à se laisser séduire par les apparences et les grands mots.

Contraste singulier en effet : David, en prenant la plume, entend, de la meilleure foi du monde, rendre hommage à l'art, à sa vertu intime, à ses bienfaits, et pourtant, au moins dans la forme, il semble n'attacher de prix qu'à l'artificiel. Pour inspirer aux artistes l'amour de la simplicité, il leur donne l'exemple de l'emphase. Il vante la clarté dans un langage obscurci par les brumes d'une fausse rhétorique et ne trouve par exemple, quant au principe et à la fonction de la sculpture, d'autres explications à nous donner que cette définition passablement amphigourique : « La sculpture est la tragédie des arts. J'ai toujours pensé à la sculpture en voyant Hamlet sur la scène. L'homme qui lutte seul contre le malheur est héroïque. La sculpture est une religion. » Tragédie au commencement de la phrase, religion à la fin, la sculpture, un peu plus loin, devient « un livre chargé de transmettre aux époques les plus reculées... le poème d'une âme, » pour se convertir, après bien d'autres transformations encore, en « un flambeau destiné à guider les générations. »

Encore, si toute cette phraséologie n'engageait que les dehors et n'accusait que l'inexpérience littéraire, on pourrait jusqu'à un certain point en prendre son parti. Par malheur, les idées mêmes n'ont guère ici plus de netteté que les termes. Les enseignements qu'on en voudrait tirer se dérobent et sont comme étouffés sous un amas de propositions contradictoires ou équivoques, et surtout sous le poids de ces préoccupations humanitaires qui obsédaient l'esprit de David au point de lui faire perdre, en matière d'art comme ailleurs, le sentiment de ce qui est réalisable et possible. Ce n'est pas assez pour lui d'exhorter les artistes à travailler uniquement à l'intention du peuple, parce que « lui seul est digne d'être leur juge ; » il veut encore qu'ils s'attribuent la mission de propager la, morale par leurs œuvres, qu'ils prennent pour objet de leur apostolat « l'éducation de l'homme, » et cela en figurant avec l'ébauchoir ou le pinceau a l'apothéose de l'humanité : » moyennant quoi ils conduiront tout doucement leurs frères à la vertu et au bonheur, sans compter la joie qu'ils éprouveront pour leur propre compte à voir « les nations faire de leurs chefs-d'œuvre les bases d'un traité de paix entre tous les partis. »

Tout cela, on en conviendra, dépasse de beaucoup la limite des ambitions permises aux sculpteurs et aux peintres, et dénature singulièrement le genre d'influence qu'il leur appartient d'exercer. Qui veut trop prouver, dit-on, ne prouve rien : on pourrait ajouter, en pareille matière surtout, qui veut trop raisonner divague. Bien des maîtres avant David, Léon-Baptiste Alberti, Léonard de Vinci, Albert Dürer, Jean Cousin, Poussin entre autres, ou, — pour ne parler que des sculpteurs, — Falconet dans notre pays, Flaxman en Angleterre, ont laissé des écrits théoriques sur l'art qu'ils avaient pratiqué. Aucun d'eux, que je sache, ne s'est aventuré à élargir aussi démesurément le champ des spéculations esthétiques. Ils ne rêvaient pas de régénérer le monde par la toute-puissance du beau, encore moins par « l'apothéose de l'humanité. » Ce beau dont ils se gardaient bien de surfaire ou de compromettre l'autorité en la compliquant d'une action politique, ils se contentaient d'en démêler les principes, d'en recommander les témoignages à l'admiration de tous, hommes du peuple ou non, et, comme disait Poussin, d'assigner pour fin à l'imitation pittoresque ou plastique « la délectation qu'en ressentira l'intelligence. »

Enfin, pour prendre un exemple tout près de nous, quoi de plus opposé aux chimériques visées de David, quoi de plus propre à en faire sentir l'exagération par le contraste, que les écrits sur des sujets analogues dus à la plume d'un éminent sculpteur contemporain, M. Guillaume ? Certes, — nous avons eu déjà l'occasion de le constater à propos de son travail sur Michel-Ange, — M. Guillaume apporte dans l'examen des questions d'art les inclinations élevées, les doctes habitudes d'un esprit profondément philosophique ; malgré cela cependant, ou plutôt à cause de cela, les considérations auxquelles il se livre ou les conseils qu'il donne ont avant tout un caractère pratique. Ce n'est pas lui qui, pour stimuler le zèle des artistes ou pour exalter la dignité de leur rôle, les conviera à l'ambition de rétablir ou de renouveler la morale. Il jugera plus opportun et plus utile de leur rappeler ou de leur indiquer les strictes lois qui les obligent, le but déterminé qu'ils doivent poursuivre et la voie où ils doivent marcher. Aussi les écrits du savant sculpteur, si réservés qu'en soient les termes, comportent-ils pour ceux qui les lisent un profit assuré. Quelques pages du petit traité qu'il a modestement intitulé *Idée générale d'un enseignement élémentaire des beaux-arts* en apprendront plus à chacun sur la fonction de l'art et sur sa vraie grandeur que toutes les fastueuses prédications de David.

D'ailleurs, tout en prétendant étendre l'empire de l'art, David, en réalité, n'arrive qu'à l'enfermer dans des bornes plus étroites ; à force de vouloir faire de la sculpture un moyen d'instruction positif et comme un agent officiel des progrès de l'éducation publique, il en diminue au fond la puissance et en restreint sensiblement la portée. S'il fallait en effet prendre David au mot, la tâche du sculpteur se réduirait à peu près à celle d'un biographe des hommes célèbres, à la besogne d'un rédacteur pour ainsi dire de procès-verbaux historiques destinés à sauver de l'oubli les choses et les gens dignes de survivre. Lui-même, au risque de se déprécier et de méconnaître une partie de ses titres, ne s'attribuait pas d'autre mission. « Je ne me sais gré de mes ouvrages, disait-il vers la fin de sa vie, que parce qu'ils représentent des grands hommes. » A cela l'on pourrait répondre que tout dépend en pareil cas du mode de représentation, et que l'honneur d'un statuaire tient de plus près encore aux mérites particuliers de son œuvre qu'à ceux du personnage dont il aura voulu perpétuer le souvenir. Telle statue antique sans nom, telle figure d'un inconnu sculptée au moyen âge le long d'un pilier de la cathédrale de Chartres ou au XVe siècle sur quelque tombeau florentin, peut, par la seule éloquence de sa beauté, nous intéresser bien autrement que l'image même du plus illustre héros. Qu'ont de commun avec l'histoire, dans le sens rigoureux du mot, la plupart des chefs-d'œuvre de Donatello ou de Ghiberti, de Michel-Ange lui-même ou de Jean Goujon, et cependant qui s'avisera de reprocher à ces grands artistes d'avoir par là failli à leur devoir ?

L'art a sa vie en soi, sa force propre et sa vertu. Qu'on lui demande non de se borner à contenter les yeux, mais de charmer l'imagination ou même d'émouvoir le cœur, rien de mieux. Qu'on nous dise bien haut qu'un art sans pensée, sans idéal, sans correspondance secrète avec nos aspirations ou nos souvenirs n'aboutit qu'à une contrefaçon muette, à l'inutile office d'une étiquette sur le vide, on ne fera qu'exprimer une vérité ; mais la vérité cesse et le sophisme commence quand on prétend imposer aux œuvres de la statuaire le caractère nécessaire de panégyriques, quand on veut tout subordonner, tout sacrifier aux intérêts de la mémoire qu'elles glorifient, aux renseignements historiques qu'elles peuvent fournir. Comment David ne s'apercevait-il pas qu'en déplaçant ainsi le but il le rapprochait plus que de raison, et que, sous le prétexte d'ennoblir la tâche, il en rabaissait les conditions ?

David, après tout, était-il bien irrévocablement convaincu de l'excellence de ses théories sur ce point ? Certaines distinctions qu'il cherche à établir dans l'application, certaines exceptions qu'il propose permettraient de penser que, malgré sa certitude apparente, il en vient par moments à s'effrayer un peu, à se préoccuper tout au moins des conséquences que pourront avoir ses préceptes ou des objections qu'ils risquent de soulever. David écrira bien, sans hésiter, à propos des hommages dus par la sculpture aux grands hommes : « Ce qu'un sculpteur doit chercher, c'est l'âme ; ce qu'il doit dire, ce sont les clartés dont elle s'est illuminée, les grandes choses qu'elle a faites et qui valurent au modèle l'admiration des âges ; » mais, quand il s'agira de déterminer les moyens de donner un corps à cette âme et une apparence solide à ces clartés, les instincts de l'artiste entreront naturellement en lutte avec les exigences du théoricien. De là plus d'une équivoque, plus d'une contradiction même dans les opinions émises, dans les raisonnements entre autres par lesquels David cherche à démontrer la convenance de représenter les personnages modernes tantôt nus comme des héros antiques, tantôt revêtus des habits qu'ils portaient de leur vivant. Comment admettre ces prescriptions contraires et concilier ces démentis ? S'il est vrai que les accessoires caractéristiques d'une époque « importent peu dans l'image du génie, parce que le génie n'a pas d'âge, » et « qu'il travaille pour le genre humain, » comment s'accommoder de cet avis tout différent qu'on lit un peu plus loin : « Le costume peut être un indice très significatif du caractère d'un personnage... Il faut donc que l'artiste note avec beaucoup de soin l'impression que lui fait éprouver la forme du costume, la manière dont il est porté, etc.. S'il sait se rendre compte du pourquoi de toutes ces choses, il saura, lorsqu'il devra modeler, compléter le caractère moral d'un personnage par un costume convenablement adapté. »

On conçoit au surplus que, sur des questions de cet ordre, David éprouvât un certain embarras à se prononcer, et cela en raison même des hésitations qu'il avait laissé voir dans la pratique. Lui dont la main avait figuré des poètes, des généraux, des hommes d'état, aussi dévêtus qu'hommes puissent l'être et, dans d'autres occasions, aussi habillés que le comportaient les usages de leur temps, — lui qui, après s'être affranchi des entraves de tout costume dans ses statues de *Racine*, de *Bonchamps*, du *Général Foy*, avait ensuite poussé le zèle de l'imitation littérale jusqu'à reproduire sans merci les formes du pourpoint de Corneille ou du haut-de-chausse de *Jean Bart*, les bottes du *Général Drouot* ou l'habit boutonné d'*Armand Carrel*, — pouvait-il formellement condamner en principe ou faire prévaloir sur l'autre l'un des deux partis qu'il avait alternativement adopté ? Aussi David essaie-t-il ici d'un moyen terme et propose-t-il, faute de mieux, un classement par catégories qui permettrait aux statuaires de nous montrer « nus ou drapés, les savants, les poètes, les artistes, les orateurs, » tandis qu'ils pourraient « représenter les militaires avec leur costume. »

On ne saurait accepter cette jurisprudence arbitraire. De ce qu'un homme aura laissé des écrits, des tableaux, des chants ou des discours dignes d'admiration, s'ensuit-il que son corps ait acquis par là le privilège d'une majesté héroïque, un droit à la nudité absolue ? Se figure-t-on Pascal ou La Fontaine, Lesueur ou Rameau, Mirabeau ou Berryer, dépouillés de la tête aux pieds des habits conformes à leur état ou aux mœurs de leur époque ? En pareil cas, de deux choses l'une : ou le portrait, à force d'être idéalisé, perdra tout caractère individuel et par conséquent ne sera plus ressemblant, ou bien, comme dans le fâcheux *Voltaire* de Pigalle conservé à la bibliothèque de l'Institut, la rigoureuse fidélité de ce portrait sans voiles compromettra la dignité du modèle lui-même et dépréciera la valeur de l'hommage rendu. Quant à l'uniforme militaire, que David consent à ne pas proscrire, nous ne savons trop d'où lui vient cette faveur. Nous ne comprenons pas bien pourquoi Kléber et Napoléon, par exemple, garderaient devant la postérité leur costume et leurs apparences terrestres, si ceux de leurs contemporains qui se sont illustrés par leurs talents ou leurs vertus civiles ne devaient forcément revivre à nos yeux que dans la tenue des habitants de l'Olympe.

A notre avis donc, les choix que David entend faire et les conditions inégales qu'il pose n'ont pas plus dans le fond leur raison d'être que dans l'application leurs conséquences naturelles. Rien ne justifiait de son vivant, rien n'autoriserait à l'avenir ces variations ou ces aventures. On aura beau accuser l'indigence pittoresque ou la bizarrerie des accoutrements modernes, en appeler aux exemples grecs des défaillances de notre goût et opposer la simplicité des ajustements dont s'était contenté Phidias aux modes compliquées en usage dans les deux derniers siècles ou dans le nôtre, il n'en sera pas moins vrai que les images d'hommes ayant appartenu à ces époques de civilisation raffinée ne sauraient, sous peine de contresens, simuler la beauté sans apprêt, la majesté sans artifice de l'être humain à l'état de nature ou à peu près. Sincèrement accepté et imité, le costume propre aux personnages que le sculpteur doit représenter deviendra au contraire un puissant moyen d'expression, un élément nécessaire de la ressemblance physique et même de la physionomie morale. La richesse des vêtements sous lesquels apparaîtra Lebrun sera à la fois un souvenir visible des habitudes de sa vie et une allusion aux inclinations de son talent, tandis que l'austérité du génie et des mœurs de Poussin imposera pour une statue de ce grand homme le choix d'un ajustement tout autre. Les images de tous deux cependant n'en devront pas moins être celles de Français du XVIIe siècle, et par conséquent procéder, non d'un *idéalisme* banal, mais d'une interprétation fidèle des données fournies par la réalité. A quoi bon insister ? Chaque type, chaque sujet implique des conditions de mise en scène particulières. C'est aux artistes qu'il appartient de les apprécier suivant les cas, et nous nous garderons bien de prétendre signaler ici toutes les mesures de détail à prendre ou toutes les fautes à éviter. David a plusieurs fois réussi dans ses statues de personnages historiques, dans son *Condé* particulièrement, à concilier les vérités d'un ordre supérieur avec les vérités caractéristiques et individuelles, les larges intentions d'ensemble avec l'imitation scrupuleusement exacte des détails. Les sculpteurs pourront utilement consulter quelques-uns des exemples sortis de son ciseau : nous doutons qu'ils tirent un grand profit des avis que leur aura transmis sa plume et même qu'ils les jugent assez concluans pour essayer de s'y conformer dans la pratique.

C'est ce qu'on pourrait dire en général des écrits de David que M. Henry Jouin a recueillis, mais cela ne signifierait nullement qu'ils manquent d'intérêt. Ces écrits sont précieux au contraire, parce qu'ils dépeignent au naturel, parce qu'ils nous font bien connaître les coutumes d'esprit et le caractère d'un homme qui, par les œuvres de son talent, mérite d'être attentivement et respectueusement étudié. En outre, là même où l'expression de la pensée est confuse ou incomplète, ils révèlent un amour si persévérant de l'art et du travail, ils respirent à chaque ligne une passion du bien si sincère qu'on ne peut qu'honorer de grand cœur celui qui les a signés. D'où vient toutefois que, par une exception singulière à ses habitudes de désintéressement et de bonne foi, David, quand il parle des sculpteurs contemporains, se laisse aller soit à des rigueurs, soit à des effusions de bienveillance trop surprenantes pour qu'on ne les soupçonne pas d'être un peu calculées ? Les jugements au moins sévères qu'il porte sur quelques-uns de ses rivaux, sur Rude, dont il condamne sans restriction même les meilleurs ouvrages, sur Cortot, qu'il appelle dédaigneusement « un honnête marchand, » sur Barye, à qui il reproche, — grief fort inattendu sans doute, — de n'avoir pas « philosophiquement conçu » son *Lion étouffant un boa*, — les éloges presque enthousiastes en revanche qu'il accorde à des sculpteurs bien inférieurs à lui, comme Callamare et Espercieux, — d'autres échappées critiques assez significatives encore permettraient de supposer que, en face des ouvrages d'autrui, David ne laissait pas de songer un peu trop volontiers aux intérêts de sa propre gloire.

Qu'aurait pensé David si quelqu'un de ses confrères s'était avisé de le traiter, lui et ses ouvrages, avec la même intolérance et dans des termes aussi durs ? David était à juste titre fier des preuves qu'il avait faites, des gages de haut talent qu'il avait donnés dans un certain nombre de travaux, Peut-être même avait-il un fonds d'indulgence naturelle pour ses ouvrages, quels qu'ils fussent. La complaisance avec laquelle il les énumère à peu près tous et les passe pour ainsi dire en revue dans une sorte d'évocation fantastique qu'il a intitulée *une Nuit d'atelier* donnerait lieu de penser qu'on eût été assez mal venu auprès de lui à se montrer peu accommodant sur ce chapitre. Et cependant, quand on examine dans leur ensemble les œuvres du sculpteur de *Condé* et de *Philopœmen*, qui malheureusement est aussi le sculpteur du *Général Gobert* et de *Larrey*, que de réserves trop bien justifiées on pourrait mêler aux éloges, que de graves erreurs on trouverait à signaler ! Nous avons, dans les pages qui précèdent, essayé d'en indiquer quelques-unes ; il serait superflu d'y revenir. Qu'il nous soit permis seulement de résumer en peu de mots la pensée de cette étude. David, quelque importance qu'il faille lui reconnaître, et quelque estime qu'on lui doive, David n'a pas tous les mérites que lui prêtent des admirateurs trop zélés. Il n'est ni « le plus grand sculpteur des temps modernes, » comme on le disait assez récemment dans une occasion publique, ni même le premier sculpteur de son temps, comme tendrait à le faire croire le livre qui vient de lui être consacré. Il est un des premiers sans doute, un artiste dont l'avenir s'occupera, sauf à distinguer et à choisir, plus sévèrement que nous peut-être, parmi les œuvres de sa- main ; mais ses titres et ses droits n'existent que dans cette mesure. On ne saurait ni la restreindre ni la forcer, et ceux-là se trompent également qui voient en lui, les uns un initiateur souverain, un homme de génie à l'abri des discussions ou des disgrâces posthumes, les autres, un de ces talents dont le succès a dépendu tout entier du milieu où ils se sont produits et qui ne survivent pas à leur époque. La justice, pour nous, se trouve entre ces deux opinions extrêmes, la vérité entre ces deux exagérations.

ISBN : 978-1722468743